AF603292

prise
deparole

Éditions Prise de parole
205-109, rue Elm
Sudbury (Ontario)
Canada P3C 1T4
www.prisedeparole.ca

Nous remercions le gouvernement du Canada, le Conseil des arts du Canada, le Conseil des arts de l'Ontario et la Ville du Grand Sudbury de leur appui financier.

L'autrice a reçu une bourse de création d'ArtsNB pour l'écriture de la pièce. Elle a également pris part à la résidence Entr'ARTS, un programme du RAFA avec le soutien de l'AAAPNB, au Banff Center for the Arts afin de poursuivre l'écriture de la pièce.

Canada

Tsunami

De la même autrice

Théâtre jeunesse

Je... adieu suivi de *Vie d'cheval* (avec André Roy), Sudbury, Éditions Prise de parole, 2011.

Roger Roger, Sudbury, Éditions Prise de parole, 2009.

Trente exemplaires de cet ouvrage ont été numérotés et signés par l'autrice.

MÉLANIE LÉGER

Tsunami

Théâtre

Éditions Prise de parole
Sudbury 2021

Œuvre en première de couverture et conception de la première de couverture : Olivier Lasser

Révision linguistique : denise truax
Infographie : Alain Mayotte
Correction d'épreuves : Chloé Leduc-Bélanger

Diffusion au Canada : Dimedia

Catalogage avant publication de Bibliothèque et Archives Canada
Titre : Tsunami / Mélanie Léger.
Noms : Léger, Mélanie, 1983- auteur.
Description : Pièce de théâtre.
Identifiants : Canadiana (livre imprimé) 20210138513 | Canadiana (livre numérique) 20210138645 | ISBN 9782897442545 (couverture souple) | ISBN 9782897442552 (PDF) | ISBN 9782897442569 (EPUB)
Classification : LCC PS8623.E4665 T78 2021 | CDD C842/.6—dc23

Tsunami a été créée le 17 octobre 2019, à Moncton, dans une production du théâtre l'Escaouette.

Équipe de création

Texte :	Mélanie Léger
Mise en scène et conseiller à la dramaturgie :	Philippe Soldevila
Scénographie et costumes :	Katia Talbot
Environnement sonore :	Jean-François Mallet
Éclairages :	Marc Paulin

Distribution

Élodie / narratrice :	Florence Brunet
Mère / Tante Ida / Claudya / Mère d'Annik / Docteure :	Karène Chiasson
Father / Adrien / Caissier / Plumpy :	Ludger Beaulieu

Note : À différents moments, Élodie narratrice parle en même temps que d'autres personnages ; à la manière des pensées qui se bousculent dans nos têtes quand on écoute quelqu'un qui parle.

Prologue

ÉLODIE

Il fait noir,
Parce que je regarde vers le noir.
Parce que je regarde d'où je viens.
Mais si je tourne la tête,
Je vois la lumière.
Je pense à elle,
La femme
Retrouvée après le passage d'un tsunami.
Et puis,

Sortir, c'est entrer quelque part.

Première partie

Tableau 1

Ce soir,
Comme tous les soirs,
On est en train de souper, moi, father pis ma mère.

Father dans sa chaise, ma mère l'autre bord de la table, and...

Élodie et Father
All this food...

Que mon père dit :

Father
And you are not eating anything ?

J'ai pas faim.

Ma mère veut détendre l'atmosphère avec un sourire
bienveillant d'acceptation totale de tout l'univers...

Dirigé vers moi,
Comme si elle attendait que je prenne une photo
Ou que je lève les yeux pis qu'on fasse un « contact
visuel ».

Elle est en train de chanter des chansons de Noël dans sa
tête.
Je le sais,
Ça tourne en boucle dans son iTunes intérieur.

« Mon beau sapin ! »,
pis l'idée qu'elle commence à fredonner...

ÉLODIE
Maman, arrête...

MÈRE
Quoi ? Je fais rien...

J'ai quinze ans.
Si je pouvais faire disparaître mes parents avec une
baguette magique,
Ça serait déjà fait.

Mon père, j'ai jamais rien à lui dire.
Y'est tout le temps parti travailler.
Quand il est là-bas, il pense à ici ;
Quand il est ici, il pense à son travail là-bas...

Ma mère, c'est comme une extraterrestre,
Pis j'ai aucun désir d'aller visiter sa planète.
On se ressemble tellement pas.

Quand j'étais jeune,
J'étais sûre que j'étais adoptée.
J'étais l'enfant de ma grand-tante Ida,
L'oiseau rare de la famille
Qui n'a jamais rien fait comme tout le monde.
J'ai la couleur de ses yeux, pis la forme de son nez.

Aujourd'hui encore, dès fois, je me pose des questions...

FATHER
Let's eat.

MÈRE
T'aimes-tu ça ?

ÉLODIE
Quoi ?

FATHER
She didn't even touch her food yet...

MÈRE
Ben oui, elle a pris une bouchée.

Mes parents se parlent tout le temps de même. Dans deux langues différentes. Souvent, je pense apprendre une autre langue juste pour qu'on ait chacun la nôtre pis qu'on arrête de faire semblant de se comprendre.

En attendant, pour mieux les endurer, je les visualise comme deux chiens avec des longues oreilles.

Des chiens saucisses !

ÉLODIE
Hahaha !

MÈRE	FATHER
Quoi ?...	*What ?*

ÉLODIE
Rien...

Ça, c'est parce que, depuis un bout, je me laisse pousser les cheveux
Pis je baisse la tête pour qu'ils tombent dans ma face.
Ça brouille les images, je peux imaginer tout ce que je veux voir...

ÉLODIE
Oh ! les beaux chiens... Les grandes oreilles ! Hahaha !

MÈRE
Quoi ?...

Father
Let her be...

Mère
Quoi ?...

Father
Let her be...

Élodie
TING !
Couché !
Bon...

Y'en a qui sont plus chanceux que d'autres.
Mon amie Annik, elle pis sa mère, c'est comme des best friends...
Elles se disent toute !
Mais eux autres c'est pas pareil...
La mère d'Annik, elle est cool.

Mère d'Annik
Élodie ! Ah ! ben, je l'ai « spoté » sur Tinder... Oubedon l'autre site, le nouveau... Ah ! je sais pu ! Anyway, on sort à souère... Fait que si vous voulez des détails crunchy, les girls, va falloir garder le p'tit frère ! Attendez-moi pas, j'vas z'être tard...

Ah !!! Ça s'invente pas. Tu l'as ou tu l'as pas.

Donc...
En général, le souper commence par mon père qui regarde la table et qui répète :

FATHER
All this food...

ÉLODIE
All this food quoi, papa ?

Comme si, dans le fond, il essayait juste de se convaincre que c'est pour en arriver là qu'il se lève tous les matins. Que c'est ça, le zénith de sa journée.

FATHER
Let's eat...

En général, au souper, on parle de ce que ma mère a mis dans nos assiettes...

MÈRE
Miiiammm, j'aime tellement ça, de la courge spaghetti. C'est avec des tomates du jardin. J'en avais congelé...

De la météo...

Father
Cloudy…

Mère
Nuageux…

Father
Thunderstorm…

Mère
Ensoleillé…

Pis de ce que mon père lit dans le journal format papier. Mon père est le dernier dinosaure à lire le journal en format papier.

Father
Ohhhhh my…

Mère
C'est terrible ! 265 disparus dans un accident d'avion !

Mère	Élodie *(l'imitant)*
C'est sûr qu'ils sont morts.	C'est sûr qu'ils sont morts…

Father
Terrible thing…

Mère *(chantonne)*
Mon beau sapin…

Ah ! non.
Pas ça !
Elle le sait pourtant.
Elle le sait que je supporte pas !

Mère (*chantonne*)
Mon beau sapin…

POW !

Je me lève.
La planète du repas préparé avec amour par ma mère arrête de tourner…

Mère
Qu'est-ce que t'as ?

Élodie
Arrête de chanter…

Mère
Je chante pas…

Élodie
Tu répètes toujours la même chose en plus !

FATHER
Now, young lady!

Mon père s'énerve de me voir m'énerver.

FATHER
you are not going to speak to your mother
on this tone...

Ma mère s'excuse.

MÈRE
Je suis désolée.

Mon père crie que c'est ma faute,

FATHER
It's her fault !

MÈRE
Laisse faire...

M'ordonne de m'excuser,

FATHER
Apologize !

MÈRE
Laisse-la...

Pis de m'asseoir pour terminer…

FATHER
All this food !

À la place,
Je vire de bord pis je sors dehors en claquant la porte !

ÉLODIE (*Criant comme une enragée*)
Ahhhhhh !!!

J'ai toujours eu droit à ma révolte,
De courir autour de la maison pendant que mes parents finissaient de souper,
Mais,
la chose la plus importante…

ÉLODIE, FATHER ET MÈRE
seulement dans les limites de la propriété.

C'est le règlement suprême :

ÉLODIE, FATHER ET MÈRE
L'heure du souper, ça se passe sur le territoire familial…

J'ai tellement fait le tour de la maison qu'il y a un sentier qui s'est formé,
Une vraie tranchée autour de la maison.

Les enfants du quartier viennent avec leurs bicycles pis s'amusent à m'imiter.
On dirait une gang de sorcières qui crient des incantations.

Ahhhhh ! Ohhhhh ! Ahhhhh !

ÉLODIE
Wô !!!!

Mais ce soir,
Y'a pas de bouffe sur la table…
Juste une maudite grosse nouvelle à avaler.

ÉLODIE
Incurable…

FATHER
Well/

C'est mon père qui parle
qui explique en essayant de
trouver des termes scientifiques
incompréhensibles…

FATHER
a biopsy… blastoma…
Acute… angiogram…

Parce qu'il a peur de dire les vrais mots.

Ma mère, toujours de bonne humeur,
Toujours trop de bonne humeur, Madame positive, rayon de soleil, pour une fois… elle cherche son sourire, mais le trouve pas…

Mère
Ça va, ma belle… ?

J'essaie de cacher mes mains qui tremblent.
J'envoie mes cheveux dans ma face pour bloquer la lumière.

Élodie
Tu vas faire de la chimio, maman ?

Je vois mon père s'essuyer les yeux.

Father soupire.

Élodie
T'as même pas l'air malade…

Silence.
Personne dit rien…
Qu'est-ce qui se passe ?!

Mère
Le docteur me donne un an à vivre,
Élodie…

Tableau 2

Élodie marche dans la rue.

ÉLODIE
5, 6, 7... 12, 13... 15...

Je marche en équilibre sur les lignes du trottoir.

ÉLODIE
250, 265, 275... 300... 365...

Ça se peut pas.
J'ai quinze ans. Cette année, j'allais passer mon permis de conduire, tomber en amour pour de vrai, voyager en France avec la troupe de danse, décider où je veux aller à l'université plus tard...

Hein !!! D'abord, on va mourir de faim.
Mon père, tout ce qu'il peut cuisiner, c'est des toasts !
Pis quand ma mère sera pu là...
Est-ce que je vais pouvoir continuer d'aller à l'école ?
Ou il faudra que je suive mon père dans l'Ouest ?
Est-ce que mon père va arrêter de travailler lui aussi ?
Comment ça va se passer ?
Je comprends rien !
Ça veut dire que c'est son dernier Noël ?

J'ai un million de questions qui se battent dans ma tête pour le droit de sortir, mais c'est une prison à sécurité maximale, là-dedans.

Je rentre à la pharmacie.
Je vais au comptoir, je ramasse un paquet de gomme.
Le monsieur me sourit.

CAISSIER
Hi !

ÉLODIE
Bonjour…

Que je réponds.

Ma mère fait tout le temps ça dans les magasins.
On lui parle en anglais pis elle répond en français.
Ça m'énerve, ça m'énerve !
Mais à ce moment-là,
Je fais la même chose.

CAISSIER
Found everything you were looking for ?

ÉLODIE
Je vais prendre le journal…

CAISSIER
Sorry dear ?… I don't speak French.

Je mets le journal format papier sur le comptoir.

CAISSIER
That's all ?

ÉLODIE
Oui, merci.

CAISSIER
I don't speak French…

ÉLODIE
Oui merci ! C'est pas compliqué ! Oui, merci ! Même sans connaître les mots, au ton de la voix, ça devrait pouvoir se comprendre, non ?!

CAISSIER
It's gonna be 5,95$.

J'y donne l'argent. Il sort un sac de plastique…

ÉLODIE
Pas de sac…

Il emballe mes affaires.

ÉLODIE
No bag !!

CAISSIER
What's your problem ?

Élodie
Ma mère va mourir ! C'est ça mon problème !
Ma mère va mourir pis personne comprend rien !
J'ai souhaité que ma mère disparaisse, mais je veux pas qu'elle meure !

Tableau 3

Dans le journal,
Y'a un fait divers au sujet d'une femme
retrouvée après le passage d'un tsunami...

La seule survivante de sa famille,
de son île.
La dernière à parler sa langue.
La seule qui pourrait nous dire comment c'était
La vie sur son île
Avant le tsunami.
Mais personne peut la comprendre.

FATHER
No, No, No, No... And what am I supposed to do !?

MÈRE
Ce que tu veux ! Comme d'habitude...

En bas, mes parents se chicanent.
L'annonce de la maladie de ma mère a réveillé les monstres cachés dans leur couple.

FATHER
Whatever you say...

MÈRE
Arrête de faire l'autruche !

Father
« Autruche » ! *Should I look that up in the dictionary !?!*

Mère
Ah !!!

Ma mère, c'est une Acadienne de la Nouvelle-Écosse,

Mère
Au-tru-che !

Mon père, un anglo du Manitoba.

Father
AU-TRRA-CH-EEEE !

Ils ont essayé de se rencontrer quelque part au milieu,
Pis de faire un enfant bilingue.

Mère
Au-tru-che !

Father
AU-TRRA-CH-EEEE !

Mère
Au-tru-che !

Father
AU-TRRA-CH-EEEE !

Je me bouche les oreilles,
Et je visualise deux chiens saucisses en train de se chicaner pour un os.

Father
Rwaf Rwaf !

Mère
Af af af rrrrr…

Father
Rwaffff ! Arwarf !

Élodie
Wô !!!

Tableau 4

J'ai pris une décision.
Il fallait en prendre une…
Ma mère dit toujours :

MÈRE
Quand tu sais pas QUOI faire,
concentre-toi sur ce que tu PEUX faire…

Ça m'énerve quand elle dit ça,
Mais aujourd'hui,
J'arrête pas de répéter la phrase dans ma tête.

MÈRE ET ÉLODIE
Quand tu sais pas QUOI faire,
concentre-toi sur ce que tu PEUX faire…

C'est pour ça que je suis ici, dans le corridor du bloc appartement de ma grand-tante.

Ça sent l'encens.
Comme dans mes souvenirs… Je suis pas loin.
Les souvenirs d'un endroit où je me sentais bien, en sécurité.

ÉLODIE
Appartement 203…

Je me souviens du numéro de l'appartement…
Ça doit être un des seuls numéros que je connais.

À part mon compte à la caisse populaire,
Pis mon numéro de cellulaire,
Je connais les numéros de téléphone de personne.
Sauf celui de ma mère...

Si je perdais mon téléphone,
Je ne pourrais appeler personne d'autre que ma mère.
Ça me fait paniquer un peu d'y penser.

203... Je m'arrête devant la porte.

ÉLODIE
Matante Ida ?...

La porte 203 s'ouvre grande... Comme par magie.

Et elle est là,
Au fond du salon, assise dans un fauteuil.

IDA
Élodie ! Ma belle Élodie !

Ida, c'est pas ma vrai tante, c'est ma grand-tante...
Avec elle, j'ai toujours senti une connexion spéciale,
Comme si elle me comprenait sans que j'aie besoin de parler.
Quand j'étais p'tite,
C'était la seule qui avait le droit de me chatouiller en-dessous des pieds pis de me beurrer la face avec son rouge à lèvres.

Élodie
Bonjour, ma tante…

Ida
Élodie ! Ma belle Élodie !
Je t'attendais. J'ai fait des petits pains
que tu aimes, juste pour toi, je viens de les
sortir du four !

Élodie
Comment vous saviez que je viendrais
vous voir ?

Ida
Ben voyons, je l'ai senti ! Hier, je parlais à
Plumpy et je lui ai dit que tu viendrais
nous voir… Hein Plumpy, que j'ai dit
ça !?

Je tourne les yeux vers la grosse bibliothèque pleine de livres et je regarde Plumpy.

Un aigle empaillé.
Le bec ouvert comme si y'était en train de crier, les ailes tendues…

Quand j'étais petite, il me terrorisait.
C'est pour ça que j'ai décidé de l'appeler Plumpy.

Ida
Tu as quel âge maintenant ? Attends, je sais, tu as quinze ans ! Tu as vraiment la tête d'une jeune de quinze ans en plus... Tu ressembles aux filles dans les magazines qui veulent toutes avoir la même coupe de cheveux... Y'était temps que tu viennes me voir, je vais t'arranger ça... Ça doit faire au moins cinq-six ans que tu ne viens plus me voir...

Élodie
Je voulais venir, mais...

Ida
Ben oui, je sais ! C'est de ton âge... Tu veux plus te faire couper les cheveux par ta vieille grand-tante ! Si au moins t'avais ton permis de conduire...

Élodie
J'ai juste quinze ans...

Ida
Moi, à quinze ans, je conduisais le camion de pompier du village...

Élodie
Matante, je/

Ida
Ça fait un boutte que j'ai pas de nouvelles de tes parents… Ta mère, comment elle va ? Tu lui ressembles beaucoup avec cette coupe de cheveux-là, elle était pareille à ton âge…

C'est pas ce que je voulais entendre.

Ida
Le temps passe tellement vite, pis on est tellement occupés… C'est rendu que je vois juste ta famille à des enterrements…

Élodie
Hein !?…

Ida
Je sais quelle coupe de cheveux il te faut, mais je peux pas te la faire. Pas tout de suite en tout cas. T'es pas prête…

Élodie
Pas prête pour quoi ?

Ida
Les cheveux, c'est sacré. Tu ne peux pas couper ça pour un rien, juste pour avoir l'air d'une photo dans un magazine… Ça m'enrage quand je vois ça !

Élodie
Matante… Je ne suis pas venue pour une coupe de cheveux…

Ida
Je sais…

Élodie
Qu'est-ce que vous savez ?

Ida
J'attends que tu me le dises… pour que je puisse aller te chercher des petits pains chauds !

Je regarde Plumpy
Comme si je cherchais un encouragement de sa part.

Quand tu sais pas QUOI faire, concentre-toi sur ce que tu PEUX faire…

Élodie
Matante… Si je suis là, c'est parce que… j'aimerais apprendre une autre langue…

Tableau 5

ÉLODIE (*elle parle à Annik au téléphone*)
Ben là, tsé, aujourd'hui être bilingue, y'a rien là, Annik… Trois quarts de la planète est bilingue… Trilingue, c'est le nouveau bilingue !

… Avec ma grand-tante… Elle peut nous apprendre…

Non, pas l'espagnol… La langue malécite.

CLAUDYA
On dit le Wolastoqiyik…

ÉLODIE (*au téléphone*)
Oui, c'est ça, le Wolastoqiyik, c'est une langue en voie de disparition, qui va peut-être disparaître…

CLAUDYA
Exagère pas…

ÉLODIE (*au téléphone*)
Ben, justement, on va la sauver !…

CLAUDYA
C'est prétentieux de vouloir sauver une langue qui nous appartient pas. Ce qu'on

veut, Annick, c'est mieux connaître pis respecter les Premières Nations de par icitte...

ÉLODIE (*au téléphone*)
Bon, as-tu entendu, là ? Super Annik ! OK, on se voit dans le cours de math, tantôt !

CLAUDYA
On devrait le proposer à toute l'école ! Je veux dire... On habite sur le même territoire, pourquoi on connaît rien des langues qui sont parlées ici depuis des centaines d'années ? Est-ce que ta grand-tante peut nous amener sur la réserve ?

ÉLODIE
Je sais pas. Elle a pas grandi là-bas, mais elle est d'ascendance mixte, acadienne et malécite...

ADRIEN
Allô ! Veux-tu signer la pétition ? C'est pour interdire les sacs de plastique...

CLAUDYA
Les sacs de plastique !?! Pis la forêt boréale ? Les glaciers du Grand Nord ? Les ours polaires ? Les lacs qu'on accepte

de vendre à des mégacorporations qui
volent notre eau pour nous la revendre en
bouteille… Le pétrole, la guerre, les
paradis fiscaux, la famine, les sans-abris…
Hé chose ! La planète au complet étouffe
dans un sac de plastique… Fait que ta
pétition, c'est comme jeter une pelletée
de sable dans l'océan !

ÉLODIE
Il est parti.
T'aurais pas dû lui parler sur ce ton-là…

CLAUDYA
T'es pas mieux que lui avec sa pétition…
Ça prend des vraies révolutions pour
changer le monde…

Adrien.
Je le connais pas, mais on se croise parfois à l'école.

Adrien a perdu sa mère quand il avait neuf ans.
Un accident d'auto. Elle a frappé un orignal.
Tout le monde était au courant à la petite école parce
que sa mère était notre bibliothécaire.
Adrien s'est absenté un mois.
La rumeur circulait qu'il était parti à l'école anglaise ou
même en Floride.
Un mois plus tard, jour pour jour, il est revenu.

Le directeur a rassemblé tout le monde dans le gymnase et Adrien est monté sur l'estrade. La présidente du conseil étudiant lui a présenté un bouquet de fleurs. Le directeur, au nom de toute l'école, a présenté ses condoléances...
Adrien a pleuré devant tout le monde.
Quelle horreur !
Depuis ce jour-là, quand Adrien marche dans les corridors, on évite un peu de le regarder.
Au début, c'est parce qu'on savait pas quoi lui dire, Maintenant, c'est juste une habitude.

CLAUDYA
On commence quand avec ta grand-tante ? Ce soir ?

ÉLODIE
Je peux pas... Mes parents m'attendent pour souper...

CLAUDYA
Après le souper ? Faut commencer tout de suite si on veut être trilingue avant la fin du secondaire.

ÉLODIE
Il faut l'avoir appris en un an...

Claudya
T'es folle ! Ça va nous prendre minimum trois ans !

Élodie
Trois ans...

Claudya
Probablement plus... Ça m'a pris quatre ans à apprendre l'anglais...

Élodie
J'ai juste un an...

Claudya
Pourquoi ? Qu'est-ce qui se passe dans un an ?

Élodie
Rien, rien, c'est... c'est ma grand-tante... Je sais pas si elle va pouvoir le faire après ça...

Claudya
Elle déménage ?

Élodie
Non, non...

Claudya
Elle est mourante ?

Élodie
Y'a personne de mourant !

Tableau 6

ÉLODIE
Maman ?...

Mes parents sont à la table, pis y'a pas de bouffe dessus. Qu'est-ce qui se passe encore...?

Ma mère ouvre les bras, elle veut que je l'embrasse. Pour une fois, j'ai le goût...
J'ai le goût de juste me coller pis tout lui raconter...
Je sais pas quoi exactement... Mais tout !
Je veux juste me lancer, pis improviser des mots une fois dans ses bras...

ÉLODIE
Maman, maman, on va passer l'année ensemble si tu veux ! Ça me dérange pas d'arrêter l'école pour aider papa, s'il a besoin de retourner travailler. Je vais m'occuper de toi, moi...

Mais je suis stoppée par son visage
Plein de larmes,
Pis une chaise roulante qui bouche le passage entre la cuisine pis le salon...

ÉLODIE
C'est quoi ça ?

FATHER
Assois-toi, Élodie…

Mon père parle français, c’est un miracle !

ÉLODIE
Qu’est-ce qui se passe ?

FATHER
We went to the hospital today…

Le cancer de ma mère est rapide

	FATHER
Vorace	*It’s*
Le maudit	Je sais pas
Le salaud	*The thing is…*
Le méchant	*She doesn’t have much time…*
	I’m sorry…

Hier, ma mère allait vivre un an… Aujourd’hui, c’est trois mois.

Deuxième partie

Tableau 7

C'est noir.
Si je me retourne, je vais voir une lumière,
Mais je veux pas.
J'ai peur d'être déçue.

Si la lumière est trop proche
Ou trop loin,
Si elle me raconte comment ça va se passer
Alors que je veux pas vraiment savoir...
À quoi ça sert d'aller à l'école, de se faire des amis, de planifier une carrière...
Si, de toute façon, on meurt ?

Les gens meurent, les arbres meurent, les animaux meurent, les ordinateurs meurent, les villes meurent, les langues meurent, tout meurt.

Tableau 8

C'est ma première fois
Au cimetière.
Pourtant, c'est juste à côté de l'école.

La seule personne que j'ai vue morte, c'est mon grand-oncle Raymond, le mari de ma grand-tante Ida.

Je l'ai touché, c'était froid
Comme une statue dans un parc.
J'ai demandé s'il allait rester comme ça pour toujours.
Personne m'a répondu.

Je m'arrête devant une pierre tombale...
L'année de naissance est la même que la mienne.
Je fais un calcul rapide : elle est morte à huit ans.

À côté, c'est un homme qui est mort l'année passée... Il avait... quatre-vingt-seize ans.

Qui décide si on a huit ans à vivre ou quatre-vingt-seize ans ? Un an ou trois mois...
On dirait que je n'arrive pas à croire que c'est quelqu'un qui décide.
Même si c'est Dieu.

On va jamais à l'église, je sais pas si mes parents croient en quelque chose...
Ou quelqu'un.
Je me demande si ma mère veut être enterrée ici.
Pis sinon, quoi...

Adrien
Es-tu athée ?

Élodie
Hein ?...

De nulle part, Adrien est devant moi.
Me bloque le passage presque...

Élodie
Hein ?...

Adrien
Es-tu athée ?!

Élodie
Athée ?

Adrien
Tu sais qu'après la mort, y'a rien. On disparaît, pis c'est tout. On enterre les corps, mais ils vont disparaître, décomposés, mangés par les bibittes. As-tu déjà vu ça un mort qui se fait manger par des bibittes ? Les asticots blancs... Tout ce qui a existé, tout va disparaître. Même le plastique, on dit que ça disparaît jamais quand on l'enterre, mais il va disparaître, lui aussi... Sais-tu combien de temps ça prend pour qu'un sac de plastique disparaisse ?...

Élodie
Non...

Adrien
Environ quatre cent cinquante ans.

Il parle comme si on l'avait empêché de parler pendant deux cent mille ans...

Adrien
Pis une bouteille de plastique, sais-tu combien de temps ça prend pour disparaître ?

Élodie
Non...

Adrien
Jusqu'à mille ans... Y'a rien qui dure pour toujours. Même pas la planète.

Adrien commence vraiment à me taper sur les nerfs.

Adrien
Connais-tu Nietzsche ?

Élodie
De quoi tu parles ?!...

Adrien
Es-tu athée ?

Élodie
Qu'est-ce ça peut te faire si je suis athée ou si je crois dans un gros cochon d'Inde magique ?!

Adrien
Nietzsche, c'est pas un cochon d'Inde.

Élodie
T'es trop bizarre !...

Adrien
Toi aussi...

Élodie
Hé ! On n'a rien en commun ! Rien du tout ! C'est clair !?

Adrien ouvre la bouche, mais y'a rien qui sort.
On dirait un poisson qui essaie de faire des bulles...

Un poisson qui, après des millénaires d'évolution,
avait enfin décidé de monter sur la terre ferme,
mais il n'a pas encore de pattes
pis y'a l'air ridicule.

Adrien recule encore.
Son mouvement dure des siècles, tellement c'est inconfortable.
Il s'éloigne sans me tourner le dos.
Je sais pas ce qui se passe dans mon cœur, mais…
Ça me fâche encore plus.

Élodie
Pis d'abord, qu'est-ce tu fais icitte !? Tu m'as suivie ou quoi ?

Adrien
Je suis venu porter des fleurs.

Les yeux d'Adrien deviennent vitreux pis il part en courant.
Adrien !!!
Je vois un bouquet de fleurs fraîches sur la pierre tombale.

Je lis le nom sur la pierre… J'ai compris.
C'est pour ça qu'il me bloquait le passage…

Adrien est le fantôme de mon avenir.
Là, c'est moi qui pars en courant.

Je ne me retourne pas,
Jamais.
Je sais qu'elle arrive,
La vague immense
Prête à tout engloutir.
NON !!!

Tableau 9

Forte musique style techno.

CLAUDYA
Élodie ! T'étais où aujourd'hui ?

ÉLODIE
Malade…

CLAUDYA
Ben oui, la fièvre de la danse, on dirait…

ÉLODIE
J'avais des choses à faire !
Plus importantes que l'école…
Hé ! T'as vu ! La mère à Annik est venue au party ! Woohoo !

CLAUDYA
C'est la première fois que tu manques une pratique… Je t'ai texté mille fois… On a eu les dates pour le voyage en France !

ÉLODIE
J'ai décidé de lâcher la troupe…

CLAUDYA
Ben voyons !

Élodie
J'irai même pas en France de toute façon. Ça m'intéresse plus. J'abandonne tout : la danse, les cours de conduite pis tout le reste…

Claudya
De quoi tu parles ?

Élodie
Es-tu athée ?

Claudya
Je sais pas moi ! Faut j'y aille, on a de l'école demain… Tu m'appelleras quand tu seras redevenue normale…

J'ai jamais été normale.
De toute façon,
Le monde va finir.
Aussi bien pas s'attacher.

Tableau 10

Je retourne chez ma tante Ida. Je regarde Plumpy, pis, pour une seconde, j'ai l'impression que l'aigle m'observe. J'ose plus regarder.

ÉLODIE
Matante,
Je vais pas rester…
Je suis juste venue te dire que, finalement,
Je vais pas avoir le temps
pour les cours de langue en malécite, heu,
Wolastoqiyik…

IDA
Tut-tut-tut… Amène-toi ici…
Je veux te montrer quelque chose.

ÉLODIE
Matante, comme je disais, faut que je
m'en aille. J'ai pas le temps de…

IDA
Ta-dam !

La boîte est pleine de coupures de papier, d'images, d'articles de journaux, de photos aussi. Toute la vie de ma grand-tante est dans une petite boîte en carton.

IDA
Regarde ça…

Une photo d'une belle jeune fille qui tient un bébé.

IDA
Tu reconnais personne ?

C'est fou,
La jeune fille me ressemble…

IDA
C'est ta mère…

ÉLODIE
Ma mère ?

IDA
Avec toi dans ses bras…

Est-ce que ma grand-tante est au courant pour ma mère… ?
J'en ai pas encore parlé avec personne.

IDA
Élodie ?

ÉLODIE
Hein ?

Ida
Je sens qu'il y a beaucoup de pensées qui te tournent autour de la tête... Faudrait nettoyer ça...

Élodie
Matante... Vas-tu à l'église ?

Ida
L'église ? Mon doux ! J'aime mieux le dentiste !

Je voudrais juste m'enfuir, m'échapper dans son capteur de rêve aussi gros que la fenêtre.

Ida
Mais j'ai rien contre les gens qui vont à l'église !

Élodie
Est-ce que tu crois que Dieu existe ?...

Ida
Lequel ?...

Ma grand-tante Ida a le don de briser les moments solennels...

Ida
Élodie, es-tu en train de te convertir à une religion ?

Élodie
À quoi ?

Ida
J'espère que c'est pas à cause d'un garçon !

Élodie
Hein !? Non !

Ida
Protestant ? Catholique ? Musulman ?... Bouddhiste ?!

Élodie
Non non ! C'est... C'est... C'est juste que... je me demandais... Là maintenant, on est ici, vivantes, et après... Après... Où on va... ?

Ida
Où on va quand on meurt ?

Élodie
Oui, c'est ça.

Ida
Ici, la seule personne qui pourrait le savoir, c'est Plumpy ! Hein Plumpy !?

Élodie
Ah ! ma tante ! Les gens qui vont pas à l'église, est-ce qu'ils vont quand même être enterrés au cimetière ?

Ida
Moi, quand je vais être morte, je veux être réduite en cendres et aller retrouver la poussière de mon beau Raymond, en-dessous du cerisier. Ça a toujours été notre endroit préféré, à l'ombre, avec l'odeur des cerises... Mais si tu préfères le cimetière, pourquoi pas ? C'est à toi de choisir... Sinon, c'est les autres qui choisiront pour toi.

Élodie
Ah !

Ida
Tu sais ce que je crois ? Je vais te dire... Les choses ne meurent pas, elles se transforment.

Élodie
Comment ?

Ida
Y'a rien qui est pour toujours, mais en même temps, y'a rien qui disparaît vraiment.
Tout continue d'exister sous une autre forme…

Et là, je jure,
Plumpy s'envole de la bibliothèque et disparaît à travers la fenêtre, dans les nuages…

Il est encore là, à la même place.

Ida
Tu diras à ta mère de venir me voir…
On ne s'est pas vues depuis l'enterrement de mon Raymond.

Élodie
Ma tante… je suis pas sûre qu'elle va pouvoir…
Elle…
Ma mère est vraiment occupée ces temps-ci.

Tableau 11

Je lis la section du journal que mon père vient de finir.
Je commence à trouver un plaisir au format papier.
Quand j'ai fini de lire,
J'ai les doigts tout tachés d'encre, tout noirs.

Je reconnais la photo sur la couverture.
La survivante de l'île qui a disparu dans le tsunami…
Ça fait déjà presque une semaine,
On dirait que ça fait des siècles…

On lui a donné le nom d'Exit.
C'est le mot qu'elle répétait quand on l'a trouvée…
On pense que dans sa langue, « exit » veut dire
« maison » ou « village »…
Maison ou village, c'est ridicule.
Exit ça veut dire sortie. Tout le monde sait ça.

Mère
À la radio, tout à l'heure, ils parlaient de cette femme-là… Quelle histoire, quand même ! Et là, tiens-toi bien… ils ont annoncé une nouvelle incroyable…

Élodie
Ah maman ! Tu m'as déconcentrée !

Mère
Oui, mais attend que je te dise… Elle a… La femme a…

Élodie
Je veux pas savoir. Ça m'intéresse pas...

Mère
Je pensais que tu lisais l'article...

Élodie
C'est déprimant, le journal...
Pis ça tache les doigts pour rien.

Mère
Ah ! bon.

Je regarde ma mère en train de préparer la table
Et je lui en veux de tout faire dans la maison encore ;
De pas demander d'aide,
D'être malade,
De pas se reposer assez,
De pas être capable de guérir.
J'ai besoin de blâmer quelqu'un...
Ça me chavire.

Élodie
Dad...

Father
Hum...

Élodie
Pourquoi y'a cinq assiettes ?

Mère
Élodie… On a invité tes amies Annik pis Claudya à manger ce soir.

Mes parents continuent comme si de rien n'était.
Comme s'ils venaient de m'annoncer qu'ils avaient acheté du pain au magasin.

Les soupers, c'est notre moment.
Notre moment en famille.
C'est là qu'on se dit les vraies affaires,
Même quand on se dit rien,
Surtout parce qu'on se dit rien.

Mère
J'ai rencontré la maman d'Annik à la pharmacie…

Élodie
Pis ?

Mère
Elle était pas au courant de ma maladie. Annik non plus… T'en as pas parlé ?

Élodie
Non…

Mère
Je pensais qu'Annik était une de tes meilleures amies…

ÉLODIE
Je veux pas que ça se sache à l'école ! C'est une affaire de notre famille ! Ça concerne personne d'autre !

MÈRE
Annik et Claudya avaient l'impression que tu les boudais depuis les derniers jours… Elles étaient tristes, mais soulagées de comprendre ce qui se passe…

ÉLODIE
Tu leur as dit… Pourquoi ? Non !

MÈRE
Je sais que c'est difficile, pour moi aussi c'est difficile. Mais il faut commencer à en parler…

ÉLODIE
Non ! On n'est pas obligés !
T'avais pas le droit d'en parler à mes amies sans me demander !

MÈRE
Élodie, j'ai besoin de savoir qu'il y aura des gens pour toi, quand je ne pourrai plus être là…

L'ouragan se lève.
Les bardeaux s'arrachent, le toit s'envole.
La porte claque.
Je cours pu, je vole,
Aspirée dans le gris infini.
Je veux faire le tour de la maison.

Préenregistré : voix d'enfants qui font des incantations

Mais les petits voisins sont déjà là.
Un tourbillon de bicyclettes qui crie des incantations de sorcière.

Fin des incantations

Je continue plus loin,
Par-dessus les lignes de tous les trottoirs.
J'ai même pas le temps de les compter.
Je passe devant la pharmacie.

Préenregistré : Voix du Caissier : I don't speak French ! What's your problem ?

La banque, le magasin, l'école.

Préenregistré : Voix d'Adrien : C'est pour interdire les sacs de plastique

Préenregistré : Voix de Claudya : Pis la forêt boréale, les glaciers du Grand Nord ?

Je passe devant le cimetière, qui est devant l'église au loin.

Préenregistré : Voix d'Adrien : Tout ce qui a existé va disparaître

Préenregistré : Voix d'Ida : J'aime mieux le dentiste (Ida rit)

Mon téléphone commence à sonner.
Des textos d'Annik, de Claudya.
Pis ma mère, qui téléphone à répétition.

Préenregistré : Voix de Mère : Élodie, réponds, réponds Élodie, Élodie réponds

Je l'imagine en train d'appeler, avec mon père à côté qui dit :

Préenregistré : Voix de Father : Let her be...

La fin du monde
Est inévitable
Et je suis pas prête.

Tableau 12

Ahhhhhhh !
Je vois plus personne.
Je vois plus rien, sauf des débris,

Des morceaux de ma vie
Qui passent dans un coup de vent.

Je suis dans la vague,
Ou la vague est dans moi.
D'une manière ou d'une autre,
J'ai pas de contrôle.

J'essaie de rester agrippée,
Mais j'ai presque plus de force.
Je suis la femme dans le tsunami.
Ma maison a disparu.
Ma famille aussi.

Un bateau.

Qu'est-ce que vous dites ?
Quelle langue vous parlez ?
Je veux pas être sauvée.
Je veux me laisser aller dans l'eau
Et que le temps s'arrête.

Est-ce que c'est comme ça que ça finit ?
Emportée par la vague ?

Tableau 13

ÉLODIE
Matante Ida ?! Matante !

IDA
Élodie ?... Qu'est-ce que tu fais ici au milieu de la nuit...

ÉLODIE
C'est ma mère...

IDA
Je le sais, Élodie, je le sais.
Pourquoi tu penses que je t'ai donné la photo l'autre jour... ?
Élodie, t'as quinze ans, ma belle, il va falloir que tu arrêtes de te cacher derrière ton toupet. C'est pas ici que tu devrais être. Ta mère est malade, c'est comme ça. Quand elle sera plus là, tu vas regretter le temps que t'as perdu... Il va falloir que tu lui parles, pis pas en Wolastoqiyik.

ÉLODIE
Tu disais que les choses se transforment...
Il y a des îles du Pacifique qui ont été englouties ! Les îles ont disparu ! C'est tout !

IDA
Elles n'ont pas disparu, elles ont été submergées, sous l'eau… On les voit plus, mais elles sont encore là.

ÉLODIE
Je sais, mais…

IDA
Ça, c'est un peu comme sortir… Sortir, c'est toujours entrer quelque part d'autre…

ÉLODIE
Mais où ?!

IDA
Faut passer par la porte pour le savoir.

ÉLODIE
C'est le passage qui est difficile…

IDA
Y'a beaucoup de choses qui sont difficiles. Attention, ton téléphone va sonner.

ÉLODIE
Hein ?!… Comm/

Son du téléphone.

IDA
Réponds... C'est important.

ÉLODIE (*au téléphone*)
Allô ?... Papa...

Ma mère est tombée.
L'ambulance est là.
Ils s'en vont à l'hôpital.

ÉLODIE (*au téléphone*)
I'm coming. J'arrive.

Troisième partie

Tableau 14

Moi pis mon père
Dans la salle d'attente,
Avec des sandwichs aux œufs de la cafétéria pour souper,
Qu'on mangera probablement pas.
On attend les résultats.

Ça fait trois fois que mon père va à la toilette.
Dans cinq minutes, c'est mon tour d'y retourner.
Marcher à la toilette, ça fait passer le temps.
Ça m'empêche d'être juste dans ma tête.
Ou trop longtemps à côté de mon père.

Il est fâché.
Contre moi probablement…
Il doit penser que c'est ma faute.
Parce que j'ai été une ado tellement insupportable.

Bientôt, on sera juste moi pis lui.
Y'aura pu rien d'autre que des montagnes de journaux format papier.

Plus de tomates dans le congélateur.
Plus de Noël.
Plus de sourires trop aimants.
Tellement de choses que je ne peux même pas encore imaginer...

La docteure arrive, ah ! non ah ! non ah ! non... !
Elle avance à reculons.

Ah non non non non non ! Je mets mes cheveux dans ma face pour l'imaginer comme un gros chien qui bave...

DOCTEURE
Hello Mister Warfff

Je veux pas être ici !
Je veux pas que ça arrive !

DOCTEURE
Sorryfff wouf
arfnosis arfbe
woufweekwouf

Je veux rien entendre !
Mais ça me rentre dedans
Comme une vague trop forte.

Docteure
If you want to speak to the doctor in chief,
she will be available soon...

Élodie
Papa...

Il me regarde pas.
Il est sous le choc ou bien
Il fait semblant de pas m'entendre parce qu'il est fâché...

Comment on va se parler quand les langues seront mortes,
Quand les mots n'existeront plus pour personne,
Qu'on aura rien à se dire
Parce que ma mère sera plus là
Pour traduire ?

Élodie
Papa...
Qu'est-ce que tu donnerais pour que maman guérisse ?...
Moi, en tout cas...

Il me serre dans ses bras.
Comme une secousse,
Un arbre déraciné,
Je sens tout son corps qui tremble comme un petit enfant.
Le mien aussi...
On fait trembler tout l'hôpital.

Pis on ne se cache même pas sous les chaises pour se protéger.

C'est ça, notre force à nous deux.
On se dit jamais grand-chose.
Je sais même pas si on se comprend
Quand on dit des mots,
Mais ensemble, on est une montagne,
Une montagne,
Et on fait semblant que c'est l'hôpital qui tremble autour de nous.

Le tremblement de terre passe.
Je constate les dégâts.
Ma mère ne va pas sortir de l'hôpital, elle a sept jours à vivre.

Tableau 15

Je pense à la maman d'Adrien.
Un accident d'auto.
Ma mère, au moins,
Elle va pouvoir dire au revoir à ses amis,
Ses collègues de bureau, sa famille.

MÈRE
Je veux tellement pas que vous pensiez que je vous abandonne. Je veux tellement pas mourir. Je suis désolée.

Elle s'est excusée,
Pis après elle a pété…

Claudya pis Annik sont jamais venues à mon souper de famille.
Mais elles sont venues à l'hôpital.
Avec juste une semaine à vivre, ma mère sera plus là en décembre,
Fait que j'ai décidé de lui organiser son dernier Noël.

CLAUDYA
Annik pis moi, on a préparé tout ce que tu nous as demandé !
Des guirlandes, des sacs de couchage, des oreillers, un matelas gonflable, pis une boule disco. Vraiment ? Une boule disco ?

Élodie
Chez nous, à Noël d'habitude...

Claudya
OK, OK, pas besoin de t'expliquer, je l'ai !

Adrien
Allô !

J'ai invité Adrien.
Il a apporté des fleurs pour ma mère.

Adrien
C'est pas pour ta mère...

Élodie
C'est pour qui ?!

Adrien lui donne les fleurs.
Élodie lui donne un baiser sur la joue.

Adrien
Heu...

Élodie
Pas besoin de faire le poisson rouge...
Viens nous aider !

Adrien
OK, oui !

Musique disco !
Je mets les ciseaux dans les mains de Claudya.

CLAUDYA
Tu es sûre ? C'est pas un peu drastique… ?

ÉLODIE
On rase toute ! C'est sur ma tête que tu peux la faire, ta révolution !

CLAUDYA
T'es certaine ?

ÉLODIE
Vas-y ! Aie pas peur !

CLAUDYA
OK, on y va… Au revoir, les cheveux…
Adieu, belle mèche…
Bye bye toupet !!!

Mes cheveux me bloqueront plus jamais la face.
Ma grand-tante Ida sera fière.

Tableau 16

Depuis qu'elle est à l'hôpital, ma mère a rapetissé pour revenir à sa…

MÈRE
Taille de jeune fille !

Qu'elle dit avec un sourire bienveillant d'acceptation totale de tout l'univers.
Maintenant,
Je me regarde dans le miroir
Et j'essaie d'avoir son sourire.
Je pense à la photo,
À combien je lui ressemble.

Ma mère, elle ressemble de plus en plus à un raisin sec.
Pour de vrai, on dirait qu'elle a deux mille ans.
Ses beaux cheveux doux sont rendus raides comme des cordes de métal.
Ce matin,
Elle s'est redressée pour manger, pis tous ses cheveux sont restés sur l'oreiller.

Au milieu de la nuit, je l'entends chanter…

MÈRE
Mon beau sapin…
Roi des forêts… que j'aime ta parure…

Mère et Élodie
Quand par l'hiver
bois et guérets
sont dépouillés
de leurs attraits

Lumière !

Mère
Wowww !
Est-ce que c'est, ça ? Le paradis ?!

Élodie
Maman !

Mère
Quoi !?

Élodie
Tu peux pas faire de jokes là-dessus !

Mère
Excuse-moi, ma belle... Je fais de mon mieux.

Élodie
Mais... Pour vrai... Est-ce que tu crois au paradis ?

Mère
Tu me connais, moi, je crois dans toute…

Ça, c'est ma mère.
Elle a encore réussi à m'avoir.
Même mourante du cancer,
Elle réussit à trouver une solution simple
À mon trop-plein de questions…

Mère
Moi, je pense que c'est la meilleure façon d'arriver dans l'inconnu, mais surtout ça me permet d'apprécier le vrai paradis, qui est d'être ici avec toi.

Élodie
Maman, je t'aime…

Mère
Moi aussi, je t'aime.

Élodie
J'ai peur.
Je sais que je peux rien changer même si/

Mère et Élodie
C'est pas juste

Élodie
Surtout parce que/

Élodie	Mère
Tu me verras pas grandir	Je te verrai pas grandir

Mère
Je te verrai pas avoir ton permis de conduire. Revenir de ton beau voyage en France avec la troupe de danse. Tomber en amour. Décider où tu iras à l'université. Mais je te promets…

Élodie
Oui, je le sais…

Mère
Je vais toujours être avec toi.

Élodie
Je te crois.
Je vais chercher Papa.

Croire dans toute…
Peut-être que moi aussi je pourrais essayer de me dire
que tout ce qui m'entoure existe :
Les dieux, les gens, l'amour, tout ce qui est vivant,
Tout ce que je ressens.
Faire confiance…

Tableau 17

À la télévision, dans le corridor de l'hôpital, un reportage parle encore du tsunami
Qui a englouti des centaines d'îles dans l'océan Pacifique.
Des centaines de terres, de vies, d'histoires… englouties.
Disparues.
Juste la semaine passée.

La fin du monde.
En tout cas, du leur…

Des images de la vague,
Et aussi de la femme, celle qu'on a retrouvée,
Seule, après avoir tout perdu.
La dernière survivante.
C'est fou, quand même,
À quel point tout peut changer en une seconde.
Je regarde la femme, elle se tient le ventre et elle sourit.
Elle se tient le ventre…
C'était ça, la nouvelle incroyable que je voulais pas entendre.
Elle est enceinte !
Y'a pas longtemps, elle avait tout perdu…
Et maintenant, un enfant dans son ventre.
Une petite île, dans sa mer intérieure.

Épilogue

Il fait noir.
Parce que je regarde vers le noir,
Parce que je regarde d'où je viens.
Mais si je tourne la tête,
Je vois la lumière.
C'est une belle lumière.
C'est une lumière d'urgence.
Un panneau qui crie : C'est le temps de vivre.
Je sais pas ce qu'il y a entre moi pis le panneau de sortie,
Mais j'ai plus peur.
Parce que sortir, c'est entrer quelque part.

FIN

Table des matières

sans explosions cette ville n'existerait pas
Robert Dickson

www.ingramcontent.com/pod-product-compliance
Ingram Content Group UK Ltd.
Pitfield, Milton Keynes, MK11 3LW, UK
UKHW022012260726
13994UKWH00006B/2431